Petters

Strafgesetzbuch

Nachtrag zur 20. Auflage

Oktober 1951

Hauptinhalt

Das Strafrechtsänderungsgesetz vom 30. 8. 1951
mit Erläuterungen

1951

J. Schweitzer Verlag, Berlin und München

Satz, Druck und Bindearbeiten:
Dr. F. P. Datterer & Cie. - Inhaber Sellier - Freising

Vorwort

Dieser Nachtrag dient der Ergänzung meines Ende 1950 in 20. Auflage erschienenen Erläuterungsbuches zum Strafgesetzbuch. Er ist in fünf Abschnitte aufgeteilt. In Abschnitt A wird das Strafrechtsänderungsgesetz vom 30. August 1951, in Kraft getreten am 1. September 1951, behandelt; dabei wurde jede einzelne Gesetzesstelle mit allgemeinverständlichen Erläuterungen versehen. Anschließend folgt in Abschnitt B der Gesetzestext des Gesetzes zum Schutz der persönlichen Freiheit vom 15. Juli 1951. In Abschnitt C sind die durch den Wegfall der „Allgemeinen Anweisung an Richter Nr. 1" notwendig gewordenen Änderungen in den Erläuterungen zusammengestellt, während Abschnitt D sich mit der Rechtsprechung des Bundesgerichtshofes befaßt, soweit durch sie die Erläuterungen berührt werden und deshalb einer Änderung (siehe vor allem § 243 Abs. 1 Nr. 2) bedurften. In Abschnitt E schließlich sind sonstige kleine Änderungen und Verbesserungen einschließlich einiger Druckfehlerberichtigungen enthalten.

Heidelberg, Oktober 1951.

Dr. Petters.

A. Das Strafrechtsänderungsgesetz vom 30. August 1951

(Bundesgesetzblatt I Seite 739.)

Durch das Kontrollratsgesetz Nr. 11 wurden die früheren Vorschriften des Strafgesetzbuches über Hochverrat (§§ 80—87), Landesverrat (§§ 88—93a), Angriffe gegen den Reichspräsidenten (§ 94) und den Ehrenschutz des Staates (§ 134a) aufgehoben.

Mit dem Inkrafttreten des Grundgesetzes für die Bundesrepublik Deutschland ergab sich die Notwendigkeit, den neuen Staat wieder gegen jede Art von Bedrohung und Gefährdung strafrechtlich zu schützen. Dieser Aufgabe dient das Strafrechtsänderunggesetz vom 30. August 1951. Es enthält neben den alten, nunmehr den Bedürfnissen des neuen Staates angepaßten Tatbeständen des Hochverrats und Landesverrats die sog. Staatsgefährdung, einen neuen dritten Tatbestand, der den gewaltlosen Umsturz bzw. diejenigen Handlungen strafrechtlich erfassen will, die der Vorbereitung eines solchen Umsturzes durch Zersetzung mittels Massenbeeinflussung dienen (sog. kalte Revolution).

Neben diesen drei Tatbestandsgruppen wurden durch das genannte Gesetz noch weitere Einzelbestimmungen, die ebenfalls (unmittelbar oder mittelbar) dem Schutz des neuen Staates dienen, in das Strafgesetzbuch eingefügt.

Die durch das Strafrechtsänderungsgesetz bewirkten Abänderungen des Strafgesetzbuches betreffen folgende Stellen des vorliegenden Erläuterungsbuches:

1. Seite 72.

Die Zeilen 5—13 (Erster Abschnitt, 1a Abschnitt, Zweiter Abschnitt, Dritter Abschnitt) sind zu streichen.

An deren Stelle sind folgende Abschnitte einzufügen:

Erster Abschnitt

Hochverrat

§ 80. Wer es unternimmt, mit Gewalt oder durch Drohung mit Gewalt

1. die auf dem Grundgesetz der Bundesrepublik Deutschland oder der Verfassung eines ihrer Länder beruhende verfassungsmäßige Ordnung zu ändern,
2. das Bundesgebiet einem fremden Staate einzuverleiben oder einen Teil des Bundesgebietes loszureißen,

3. das Gebiet eines Landes ganz oder teilweise einem anderen Lande der Bundesrepublik einzuverleiben oder einen Teil eines Landes von diesem loszureißen,

wird wegen Hochverrats,

wenn sich das Unternehmen gegen die verfassungsmäßige Ordnung oder gegen das Bundesgebiet (Nr. 1, 2) richtet,

mit lebenslangem Zuchthaus oder mit Zuchthaus nicht unter zehn Jahren,

wenn sich das Unternehmen gegen das Gebiet eines Landes (Nr. 3) richtet,

mit Zuchthaus bis zu fünf Jahren bestraft.

Sind mildernde Umstände vorhanden, so kann bei Taten nach Absatz 1 Nr. 1 oder 2 auf Zuchthaus, bei Taten nach Absatz 1 Nr. 3 auf Gefängnis nicht unter sechs Monaten erkannt werden.

1. Vorbemerkungen zum ersten Abschnitt (§§ 80—87): Hochverrat und Landesverrat richten sich beide unmittelbar gegen den inländischen Staat. Sie unterscheiden sich dadurch, daß der Hochverrat einen Angriff gegen den Staat als Einzelwesen, nämlich gegen seine Integrität in verfassungsmäßiger und territorialer Beziehung darstellt, während der Landesverrat sich gegen die Stellung des Staates im Verhältnis zu anderen Staaten richtet. Der Hochverrat kann von jedem Menschen begangen werden, während der Täter des Landesverrats im allgemeinen ein Deutscher sein wird.

2. Das Grundgesetz für die Bundesrepublik Deutschland hat in Artikel 143 einen Tatbestand des Hochverrats aufgestellt, der im wesentlichen den bis zum Jahre 1945 in Geltung gewesenen §§ 80 und 81 StGB. entspricht. Dieser Artikel 143 ist mit dem Inkrafttreten des Strafrechtsänderungsgesetzes gegenstandslos geworden und wurde deshalb aufgehoben.

3. Zu § 80 Abs. 1 Nr. 1: Diese Bestimmung betrifft den Verfassungshochverrat. Geschützt wird die verfassungsmäßige Ordnung der Bundesrepublik oder eines ihrer Länder, d. h. die freiheitliche demokratische Grundordnung i. S. des Artikels 18 des Grundgesetzes.

4. Zu Nr. 2: Sie enthält den sog. Gebietshochverrat, der dem früheren § 80 Abs. 1 entspricht. Das Losreißen zielt im Gegensatz zum Einverleiben auf Schaffung eines neuen Staates.

5. Zu Nr. 3: Sie befaßt sich ebenfalls mit dem Gebietshochverrat und stellt die Änderung einer Landesgrenze derjenigen der Bundesgrenzen gleich.

6. Die Täterhandlung besteht in sämtlichen drei Fällen in der gewaltsamen oder durch Drohung mit Gewalt bewirkten Änderung, und zwar genügt schon das Unternehmen, d. h. ein Versuch einer solchen Änderung (siehe § 87).

7. Wegen der Nebenstrafen und Nebenfolgen siehe § 85.

§ 81. Wer ein bestimmtes hochverräterisches Unternehmen gegen die verfassungsmäßige Ordnung oder gegen das Bundesgebiet (§ 80 Abs. 1 Nr. 1, 2) vorbereitet, wird mit Zuchthaus bis zu zehn Jahren bestraft. Sind mildernde Umstände vorhanden, so kann auf Gefängnis nicht unter einem Jahr erkannt werden.

Wer ein bestimmtes hochverräterisches Unternehmen gegen das Gebiet eines Landes (§ 80 Abs. 1 Nr. 3) vorbereitet, wird mit Gefängnis bis zu zwei Jahren bestraft.

Hier wird schon die Vorbereitung eines Verfassungs- oder Gebietshochverrats unter Strafe gestellt. Eine geringere Strafe ist für den Fall vorgesehen, daß sich der geplante Gebietshochverrat nur gegen ein einzelnes Land richtet (siehe Abs. 2).

§ 82. Das Gericht kann die in den §§ 80, 81 angedrohte Mindeststrafe unterschreiten, auf die nächstmildere Strafart erkennen oder von einer Bestrafung nach diesen Vorschriften absehen, wenn der Täter aus freien Stücken seine Tätigkeit aufgibt und den Erfolg abwendet. Unterbleibt der Erfolg ohne Zutun des Täters, so genügt sein ernstliches Bemühen, den Erfolg abzuwenden.

Hier ist für den Fall der tätigen Reue die Möglichkeit vorgesehen, die Strafe zu mildern oder ganz von Strafe abzusehen.

§ 83. Wer einen Angriff auf Leib oder Leben des Bundespräsidenten begeht, wird wegen hochverräterischen Anschlags mit Zuchthaus bestraft, soweit nicht in anderen Vorschriften eine schwerere Strafe angedroht ist.

Wegen hochverräterischen Zwanges wird ebenso bestraft, wer den Bundespräsidenten seiner verfassungsmäßigen Befugnisse beraubt oder mit Gewalt oder durch rechtswidrige Drohung nötigt oder hindert, seine verfassungsmäßigen Befugnisse überhaupt oder in einem bestimmten Sinne auszuüben.

Hier sind zwei verschiedene Tatbestände unter Strafe gestellt, nämlich der hochverräterische Anschlag (Abs. 1) und der hochverräterische Zwang (Abs. 2). Beide Tatbestände dienen dem Schutz des Bundespräsidenten.

§ 84. Wer

1. Schriften, Schallaufnahmen, Abbildungen oder Darstellungen, deren Inhalt den äußeren Tatbestand der §§ 80, 81

oder 83 erfüllt, herausgibt, herstellt, verbreitet oder zum Zwecke der Verbreitung vorrätig hält,

2. Äußerungen oder Darstellungen solchen Inhalts durch Film, Funk oder sonst durch technische Vervielfältigung verbreitet,

obwohl er deren hochverräterischen Inhalt hätte erkennen müssen, wird mit Gefängnis bestraft, soweit nicht in anderen Vorschriften eine schwerere Strafe angedroht ist.

1. Hier wird in Erweiterung des früheren, durch Kontrollratsgesetz aufgehobenen § 85 der durch Druckschriften, Schallaufnahmen usw. begangene fahrlässige Hochverrat mit Strafe bedroht. (In § 74a GVG. wird dieser Tatbestand als „Verbreitung hochverräterischer Schriften" bezeichnet.)

2. Die Massenbeeinflussungsmittel müssen einen gedanklichen Inhalt haben, der den äußeren Tatbestand des Hochverrats gemäß §§ 80, 81 oder 83 verwirklicht. (Im Falle des § 83 Abs. 1 wird in der Regel wohl nur Anstiftung oder Beihilfe in Frage kommen.)

3. Für den inneren Tatbestand ist zunächst erforderlich, daß sich der Täter der im Einzelfall in Frage kommenden Ausführungshandlung (Herausgabe, Herstellen usw.) bewußt ist, insofern also vorsätzlich handelt. Was jedoch das innere Verhältnis des Täters zu dem gedanklichen Inhalt betrifft, ist lediglich die Feststellung erforderlich, daß der Täter, dem zwar die Kenntnis des hochverräterischen Inhalts nicht nachgewiesen werden kann (andernfalls wäre er ja wegen vorsätzlichen Hochverrats zu bestrafen), diese Kenntnis hätte haben müssen, wenn er die Sorgfalt angewendet hätte, zu der er nach den Umständen und nach seinen persönlichen Eigenschaften und Verhältnissen verpflichtet und imstande war. (Siehe auch § 100c betr. fahrlässigen Landesverrat.)

4. Die Vorschrift hat nur subsidiären Charakter, d. h. sie kommt nur zur Anwendung, soweit nicht in anderen Vorschriften eine schwerere Strafe angedroht ist.

§ 85. Wegen der in diesem Abschnitt mit Strafe bedrohten Handlungen kann erkannt werden

neben den Strafen aus den §§ 80, 81 Abs. 1, 83

auf Geldstrafe von unbegrenzter Höhe;

neben den Strafen aus den §§ 81 Abs. 2, 84

auf Geldstrafe;

neben einer wegen einer vorsätzlichen Tat verhängten Gefängnisstrafe von mindestens drei Monaten

für die Dauer von einem bis zu fünf Jahren auf die Unfähigkeit zur Bekleidung öffentlicher Ämter und den Verlust des Wahl- und Stimmrechts und der Wählbarkeit

sowie auf den Verlust der aus öffentlichen Wahlen hervorgegangenen Rechte;

neben jeder wegen einer vorsätzlichen Tat verhängten Freiheitsstrafe

auf die Zulässigkeit von Polizeiaufsicht.

Diese Bestimmung, die dem früheren § 86 entspricht, enthält die Nebenstrafen und Nebenfolgen.

§ 86. Gegenstände, die durch eine in diesem Abschnitt mit Strafe bedrohte Handlung hervorgebracht oder zu ihrer Begehung gebraucht oder bestimmt sind, können eingezogen oder unbrauchbar gemacht werden. Den Gegenständen stehen Vermögenswerte gleich, die an ihre Stelle getreten sind.

Gehörten die Gegenstände zur Zeit der Tat weder dem Täter noch einem Teilnehmer, so ist dem Eigentümer angemessene Entschädigung aus der Staatskasse zu gewähren, es sei denn, daß er sich im Zusammenhang mit der Tat auf andere Weise strafbar gemacht hat.

Hat der Täter für die Begehung einer in diesem Abschnitt mit Strafe bedrohten Handlung ein Entgelt empfangen, so ist das Entgelt oder ein ihm entsprechender Geldbetrag einzuziehen.

Kann keine bestimmte Person verfolgt oder verurteilt werden, so kann auf die Einziehung oder Unbrauchbarmachung selbständig erkannt werden.

Diese Vorschrift, die dem früheren § 86a ähnelt, betrifft die Einziehung.

§ 87. Unternehmen im Sinne des Strafgesetzbuchs ist die Vollendung und der Versuch.

Hier ist der für das gesamte Strafgesetzbuch geltende Begriff des „Unternehmens", der durch das Kontrollratsgesetz Nr. 11 aufgehoben war, wieder gesetzlich festgelegt.

Zweiter Abschnitt

Staatsgefährdung

§ 88. Im Sinne dieses Abschnitts ist eine Handlung auf die Beeinträchtigung des Bestandes der Bundesrepublik Deutschland gerichtet, wenn sie darauf hinzielt, die Bundesrepublik Deutschland ganz oder teilweise unter fremde Botmäßigkeit zu bringen, ihre Selbständigkeit sonst zu beseitigen oder einen Teil des Bundesgebietes loszulösen. Als Beeinträchtigung des Bestandes der Bundesrepublik Deutschland im Sinne dieses Abschnitts gilt nicht die Teilnahme an einer Staatengemeinschaft oder einer zwischenstaatlichen Einrichtung, auf die die Bundesrepublik Deutschland Hoheitsrechte überträgt oder zu deren Gunsten sie Hoheitsrechte beschränkt.

Verfassungsgrundsätze im Sinne dieses Abschnitts sind

1. das Recht des Volkes, die Staatsgewalt in Wahlen und Abstimmungen und durch besondere Organe der Gesetzgebung, der vollziehenden Gewalt und der Rechtsprechung auszuüben und die Volksvertretung in allgemeiner, unmittelbarer, freier, gleicher und geheimer Wahl zu wählen,
2. die Bindung der Gesetzgebung an die verfassungsmäßige Ordnung und die Bindung der vollziehenden Gewalt und der Rechtsprechung an Gesetz und Recht,
3. das Recht auf die verfassungsmäßige Bildung und Ausübung einer paralamentarischen Opposition,
4. die parlamentarische Verantwortlichkeit der Regierung,
5. die Unabhängigkeit der Gerichte,
6. der Ausschluß jeder Gewalt- und Willkürherrschaft.

1. Vorbemerkungen zum zweiten Abschnitt (§§ 88—98):

a) dieser Abschnitt bringt unter der Bezeichnung „Staatsgefährdung" eine neue Tatbestandsgruppe zur Bekämpfung der sog. „kalten Revolution", d. h. des neuzeitlichen Systems der Verwirklichung hochverräterischer Ziele nicht durch Gewaltanwendung (wie beim eigentlichen Hochverrat), sondern vor allem durch innere Zersetzung mittels Massenbeeinflussung. Die „Staatsgefährdung" im weiteren Sinne enthält demnach Gefährdungstatbestände, die selbständig neben diejenigen des Hochverrats treten.

b) § 88 erläutert den Begriff der Staatsgefährdung, während die Einzeltatbestände in §§ 89—93 erfaßt sind; § 94 enthält eine Aufzählung sonstiger im Strafgesetzbuch enthaltener Straftatbestände, bei denen eine Strafschärfung eintreten soll, wenn die Tat in staatsgefährdender Absicht begangen wurde. In §§ 95 bis 97 sind gewisse Verunglimpfungen und Beschimpfungen bedroht.

2. Zu § 88 Abs. 1: Er enthält eine Definition der Ausführungshandlung beim Verfassungsverrat des § 89, Abs. 1 Nr. 1, nämlich der „Beeinträchtigung des Bestandes der Bundesrepublik". Sie liegt vor allem dann vor, wenn der Täter beabsichtigt, die Bundesrepublik Deutschland ganz oder teilweise unter fremde Botmäßigkeit zu bringen (Satellitenstaat!). Diese Begriffsbestimmung gilt auch für die in den Tatbeständen der §§ 90, 92, 93 und 97 geforderte besondere Absicht. Der Satz 2 enthält eine negative Abgrenzung dieses Begriffs (siehe Art. 24 Grundgesetz).

3. Zu Absatz 2: Er enthält eine Aufzählung der wesentlichen Institutionen und Grundlagen der verfassungsmäßigen Ordnung, die als Verfassungsgrundsätze zu gelten haben, und demnach Angriffsobjekte des in § 98 Abs. 1 und 2 behandelten Verfassungsverrats sein können. Diese

Grundsätze entsprechen im wesentlichen den Art. 20 Abs. 2, 28 Abs. 1, 38 Abs. 1, 20 Abs. 3 und 21 Grundgesetz.

§ 89. Wer es unternimmt, durch Mißbrauch oder Anmaßung von Hoheitsbefugnissen

1. den Bestand der Bundesrepublik Deutschland zu beeinträchtigen oder
2. einen der in § 88 bezeichneten Verfassungsgrundsätze zu beseitigen oder außer Geltung zu setzen,

wird wegen Verfassungsverrats mit Zuchthaus bestraft. In besonders schweren Fällen kann auf lebenslanges Zuchthaus erkannt werden.

Wer ein bestimmtes Unternehmen des Verfassungsverrats vorbereitet, wird mit Zuchthaus bis zu fünf Jahren bestraft. Sind mildernde Umstände vorhanden, so kann auf Gefängnis nicht unter sechs Monaten erkannt werden.

Die Vorschrift des § 82 über die tätige Reue gilt entsprechend.

1. Der Verfassungsverrat des § 89 hat mit dem Hochverrat des § 80 gemeinsam, daß schon das Unternehmen (§ 87) zur Strafbarkeit genügt, und daß auch die Vorbereitungshandlung strafbar ist (siehe Abs. 2 und § 81 Abs. 2).

2. Verfassungsverrat und Hochverrat unterscheiden sich aber dadurch, daß die Angriffsmittel verschieden sind: beim Hochverrat „Gewalt oder Drohung mit Gewalt“, beim Verfassungsverrat „Mißbrauch oder Anmaßung von Hoheitsbefugnissen“, sog. Staatsstreich von oben.

3. Ebenso wie der Hochverrat kennt auch der Verfassungsverrat sowohl eine Verfassungsänderung (in § 80 Abs. 1 Nr. 1 als „Änderung der verfassungsmäßigen Ordnung“ und in § 89 Abs. 1 Nr. 2 als „Beseitigung oder Außergeltungssetzung der im § 88 bezeichneten Verfassungsgrundsätze“ gekennzeichnet) als auch eine Gebietsveränderung (siehe § 80 Abs. 1 Nr. 2 und 3 und § 89 Abs. 1 Nr. 1 im Zusammenhang mit § 88 Abs. 1, Satz 1).

4. Wegen der Nebenstrafen und Nebenfolgen siehe § 98.

§ 90. Wer in der Absicht,

den Bestand der Bundesrepublik Deutschland zu beeinträchtigen, einen der in § 88 bezeichneten Verfassungsgrundsätze zu beseitigen, außer Geltung zu setzen oder zu untergraben oder eine solche Bestrebung zu fördern,

1. eine Eisenbahn, die Post oder dem öffentlichen Verkehr dienende Unternehmen oder Anlagen,
2. eine öffentlichen Zwecken dienende Fernmeldeanlage,
3. eine der öffentlichen Versorgung mit Wasser, Licht, Wärme

oder Kraft dienende Anlage oder einen für die Versorgung der Bevölkerung lebenswichtigen Betrieb oder

4. der öffentlichen Ordnung oder Sicherheit dienende Dienststellen, Einrichtungen, Anlagen oder Gegenstände

durch Aussperrung, Streik, Störmaßnahmen oder sonstige Handlungen, die nicht nach den §§ 316 a, 317 strafbar sind, ganz oder teilweise außer Tätigkeit setzt oder den bestimmungsmäßigen Zwecken entzieht, wird mit Gefängnis bestraft.

Der Versuch ist strafbar.

Die Vorschriften des § 49 a über die Bestrafung der erfolglosen Anstiftung und anderer Vorbereitungshandlungen bei Verbrechen gelten entsprechend.

In besonders schweren Fällen kann auf Zuchthaus bis zu fünf Jahren erkannt werden.

Bei Beteiligten, deren Schuld gering und deren Beteiligung an einer solchen Tat von untergeordneter Bedeutung ist, kann von Strafe abgesehen werden.

1. Diese Gesetzesstelle betrifft die sog. Sabotage. Sie bedeutet eine Ergänzung der neuen Tatbestände der §§ 316 a, 317.

2. Bestraft wird, wer die im einzelnen aufgeführten lebenswichtigen Unternehmen und Einrichtungen durch Aussperrung, Streik, Störmaßnahmen oder andere, nicht nach §§ 316 a, 317 strafbare Handlungen ganz oder teilweise außer Tätigkeit setzt oder den bestimmungsmäßigen Zwecken entzieht.

3. Zum inneren Tatbestand gehört außer dem Vorsatz noch die Absicht, den Bestand der Bundesrepublik Deutschland zu beeinträchtigen usw. (siehe Gesetzestext).

4. Wegen der Nebenstrafen und Nebenfolgen siehe § 98.

§ 90 a. Wer eine Vereinigung gründet, deren Zwecke oder deren Tätigkeit sich gegen die verfassungsmäßige Ordnung oder gegen den Gedanken der Völkerverständigung richten, oder wer die Bestrebungen einer solchen Vereinigung als Rädelsführer oder Hintermann fördert, wird mit Gefängnis bestraft.

In besonders schweren Fällen kann auf Zuchthaus bis zu fünf Jahren erkannt werden. Daneben kann Polizeiaufsicht zugelassen werden.

Ist die Vereinigung eine politische Partei im räumlichen Geltungsbereich dieses Gesetzes, so darf die Tat erst verfolgt werden, nachdem das Bundesverfassungsgericht festgestellt hat, daß die Partei verfassungswidrig ist.

1. Dieser Tatbestand der staatsfeindlichen Vereinstätigkeit bedeutet eine Ergänzung der neuen §§ 129, 129 a.

2. Schutzobjekte sind die verfassungsmäßige Ordnung i. S. des § 80 Abs. 1 Nr. 1 (siehe die dortige Erläuterung 3) und der Gedanke der Völkerverständigung. (Siehe auch Artikel 9 Abs. 2 und 21 Abs. 2 Grundgesetz.)

3. Zwei Täterhandlungen kommen in Frage:

a) Die Gründung der fraglichen Vereinigung,

b) die Förderung ihrer Bestrebungen als Rädelsführer oder Hintermann. Während der Rädelsführer nach der zu §§ 115 Abs. 2 und 125 Abs. 2 ergangenen Rechtsprechung an der Tatausführung selbst teilnehmen muß, hat als Hintermann zu gelten, wer ohne an der Täterhandlung, nämlich der Gründung, unmittelbar beteiligt zu sein, aus dem Hintergrunde eine für das Wirken der Vereinigung maßgebende Tätigkeit in psychischer (Ratserteilung, Anweisung usw.) oder wirtschaftlicher Beziehung (z. B. finanzieller Unterstützung) entfaltet. Der Gründer selbst kann nicht gleichzeitig Hintermann sein.

4. Handelt es sich bei der fraglichen Vereinigung um eine politische Partei (was wohl meistens der Fall sein wird), so ist die Strafverfolgung erst möglich, wenn das Bundesverfassungsgericht die Verfassungswidrigkeit der Partei festgestellt hat (siehe Abs. 3).

5. Wegen der Nebenstrafen und Nebenfolgen siehe § 98.

§ 91. Wer auf Angehörige einer Behörde oder eines öffentlichen Sicherheitsorgans in der Absicht einwirkt, die pflichtmäßige Bereitschaft zum Schutze des Bestandes oder der Sicherheit der Bundesrepublik Deutschland oder der verfassungsmäßigen Ordnung des Bundes oder eines Landes zu untergraben, wird mit Gefängnis bestraft.

Der Versuch ist strafbar.

In besonders schweren Fällen kann auf Zuchthaus bis zu fünf Jahren erkannt werden.

1. Diese Gesetzesstelle behandelt die sog. Zersetzung (siehe den früheren § 83 Nr. 2).

2. Schutzobjekt ist die pflichtmäßige Bereitschaft der öffentlichen Sicherheitsorgane (also vor allem der Polizei), Bestand und Sicherheit der Bundesrepublik bzw. ihre verfassungsmäßige Ordnung oder diejenige eines Einzellandes zu schützen.

3. Die Täterhandlung besteht in dem Untergraben dieser Bereitschaft.

4. Eine staatsgefährdende Absicht ist kein Tatbestandserfordernis. Liegt sie beim Täter vor, dann wird wohl in der Regel der Tatbestand des § 81 gegeben sein.

5. Wegen der Nebenstrafen und Nebenfolgen siehe § 98.

§ 92. Wer in der Absicht,

den Bestand oder die Sicherheit der Bundesrepublik Deutschland zu beeinträchtigen, einen der in § 88 bezeichneten Verfassungsgrundsätze zu beseitigen, außer Geltung zu setzen oder zu untergraben oder eine solche Bestrebung zu fördern, für eine Dienststelle, eine Partei oder eine andere Vereinigung außerhalb des räumlichen Geltungsbereichs dieses Gesetzes, für eine verbotene Vereinigung oder für einen ihrer Mittelsmänner

über Verwaltungen, Dienststellen, Betriebe, Anlagen, Einrichtungen, Vereinigungen oder Personen, die sich im räumlichen Geltungsbereich dieses Gesetzes befinden,

Nachrichten sammelt oder zu diesem Zwecke einen Nachrichtendienst betreibt, für eine solche Tätigkeit anwirbt oder sie unterstützt, wird mit Gefängnis bestraft.

Der Versuch ist strafbar.

In besonders schweren Fällen kann auf Zuchthaus bis zu fünf Jahren erkannt werden.

1. Hier wird eine besondere Art politischen Nachrichtendienstes mit Strafe bedroht.

2. Der Tatbestand ähnelt äußerlich den Landesverratsbestimmungen der §§ 99, 100. Während aber letztere dem Schutze von Staatsgeheimnissen dienen, will § 92 Verwaltungen, Dienststellen, Betriebe, Anlagen, Einrichtungen, Vereinigungen oder Einzelpersonen gegen politische Bespitzelung schützen (Schwarze Listen zur Bekämpfung politischer Gegner!). Vgl. § 241a Abs. 2, abgedruckt unten in Abschnitt B.

3. Drei Täterhandlungen kommen in Frage:

a) Das Sammeln von Nachrichten,

b) das Betreiben eines Nachrichtendienstes zu diesen Zwecken,

c) das Anwerben für eine solche Tätigkeit oder deren Unterstützung.

4. Diese Tätigkeit muß erfolgen zugunsten einer Dienststelle, einer Partei oder einer anderen Vereinigung, die sich im Auslande oder in einem nicht zur Bundesrepublik gehörenden Teile Deutschlands befinden. Ein Nachrichtendienst zugunsten von Parteien usw. innerhalb der Bundesrepublik fällt nur dann unter § 92, wenn es sich um eine gemäß Artikel 9 des Grundgesetzes verbotene Vereinigung handelt.

5. Zum inneren Tatbestand gehört, wie im Falle des § 90 (siehe die dortige Erläuterung Nr. 3) außer dem Vorsatz noch die Absicht, den Bestand der Bundesrepublik Deutschland zu beeinträchtigen usw. (siehe Gesetztext).

6. Wegen der Nebenstrafen und Nebenfolgen siehe § 98.

§ 93. Wer in den räumlichen Geltungsbereich dieses Gesetzes ohne behördliche Genehmigung zum Zwecke der Verbreitung Schriften, Schallaufnahmen, Abbildungen oder Darstellungen einführt, durch deren Inhalt Bestrebungen herbeigeführt oder gefördert werden sollen, die darauf gerichtet sind,

den Bestand der Bundesrepublik Deutschland zu beeinträchtigen oder einen der in § 88 bezeichneten Verfassungsgrund-

sätze zu beseitigen, außer Geltung zu setzen oder zu untergraben,
wird mit Gefängnis bestraft.

Ebenso wird bestraft, wer Schriften, Schallaufnahmen, Abbildungen oder Darstellungen, die dem Verbot des Absatzes 1 zuwider in den räumlichen Geltungsbereich dieses Gesetzes eingeführt worden sind, ohne behördliche Genehmigung darin verbreitet oder zum Zwecke der Verbreitung vorrätig hält.

Der Versuch ist strafbar.

1. Diese Gesetzesstelle behandelt die illegale Einfuhr staatsgefährdender Schriften.

2. Während die Herstellung bzw. Verbreitung hochverräterischer Schriften, falls sie vorsätzlich, d. h. in Kenntnis des hochverräterischen Inhalts erfolgt, eine Vorbereitung des Hochverrats, i. S. des § 81 darstellt, und bei Fahrlässigkeit bezüglich der Kenntnis vom Inhalt der Schrift ein Vergehen nach § 84 vorliegt, betrifft § 93 nur ein vorsätzliches Tun.

3. Die Täterhandlung kann eine doppelte sein:

a) Im Falle des Absatzes 1 besteht sie in dem Einführen einer solchen Schrift zum Zwecke der Verbreitung;

b) im Falle des Absatzes 2 besteht sie in dem Verbreiten oder Vorrätighalten illegal eingeführter Schriften usw.

4. Der innere Tatbestand verlangt lediglich Vorsatz, d. h. die Kenntnis vom Inhalt der Schrift. Eine darüber hinausgehende Absicht, die fraglichen Bestrebungen zu fördern, gehört nicht zum Tatbestand.

5. Wegen der Nebenstrafen und Nebenfolgen siehe § 98.

§ 94. Wird eine Tat, die nach den Vorschriften über

Angriffe gegen die Ausübung staatsbürgerlicher Rechte oder Widerstand gegen die Staatsgewalt (§§ 106 bis 122 b),

Angriffe gegen die öffentliche Ordnung (§§ 123 bis 139),

Störung des Gottesdienstes (§ 167),

Körperverletzung (§§ 223 bis 229),

Vorbereitung einer Verschleppung, Freiheitsberaubung, Nötigung, Bedrohung oder politische Verdächtigung (§§ 234 a Abs. 3, 239 bis 241 a),

Begünstigung (§§ 257, 257 a),

Urkundenfälschung (§§ 267 bis 275, 281),

Sachbeschädigung (§§ 303 bis 305),

gemeingefährliche Handlungen (§§ 308, 311, 315, 316 a, 317, 321, 324) oder

Verletzung der Amtspflicht (§§ 332 bis 336, 340 bis 355, 357),

strafbar ist, in der Absicht begangen,

den Bestand der Bundesrepublik Deutschland zu beeinträchtigen, einen der in § 88 bezeichneten Verfassungsgrundsätze zu beseitigen, außer Geltung zu setzen oder zu untergraben oder eine solche Bestrebung zu fördern,

so kann, soweit die Tat nicht mit schwererer Strafe bedroht ist, auf Zuchthaus bis zu fünf Jahren oder auf Gefängnis und, wenn die Tat auch ohne diese Strafschärfung ein Verbrechen wäre, auf Zuchthaus bis zu fünfzehn Jahren erkannt werden.

Wird eine Tat nach den in Absatz 1 bezeichneten Vorschriften nur auf Antrag verfolgt, so entfällt unter den Voraussetzungen des Absatzes 1 das Erfordernis des Strafantrags.

1. Hier werden zahlreiche Tatbestände aus verschiedenen Abschnitten des Strafgesetzbuches bestimmt, bei denen eine Strafschärfung eintritt (wodurch diese Delikte zu Verbrechen werden), wenn die betreffenden Straftaten in staatsgefährdender Absicht (siehe Gesetzestext) begangen werden. (In §§ 90, 92 ist die staatsgefährdende Absicht ein strafbegründendes Tatbestandsmerkmal.)

2. Wegen der Nebenstrafen und Nebenfolgen siehe § 98.

§ 95. Wer öffentlich, in einer Versammlung oder durch Verbreitung von Schriften, Schallaufnahmen, Abbildungen oder Darstellungen den Bundespräsidenten verunglimpft oder dazu auffordert, wird mit Gefängnis nicht unter drei Monaten bestraft.

Sind mildernde Umstände vorhanden, so kann das Gericht die Mindeststrafe unterschreiten, wenn nicht die Voraussetzungen der Strafschärfung nach § 187a erfüllt sind.

Ist die Tat eine Verleumdung oder ist sie in der Absicht begangen, Bestrebungen gegen den Bestand der Bundesrepublik Deutschland oder gegen einen der in § 88 bezeichneten Verfassungsgrundsätze zu fördern, so ist die Strafe Gefängnis nicht unter sechs Monaten.

Die Tat wird nur mit Ermächtigung des Bundespräsidenten verfolgt.

1. Vorbemerkungen zu §§ 95—97.

a) In diesen drei Gesetzesstellen werden Beschimpfungen des Bundespräsidenten (§ 95), der Bundesrepublik (§ 96 Abs. 1 Nr. 1), der Symbole (§ 96 Abs. 1 Nr. 2) und bestimmter Staatsorgane (§ 97) behandelt.

b) Die Täterhandlung besteht in allen Fällen im „Verunglimpfen", worunter jede Art von Beleidigung i. S. der §§ 185, 186, 187 fällt, wenn sie eine besonders verletzende Äußerung der Mißachtung enthält. In § 96 sind außerdem noch andere Formen der Mißachtung vorgesehen, vor allem das Beschimpfen.

c) In sämtlichen drei Tatbeständen ist Voraussetzung der Strafbarkeit öffentliche Begehung, oder Begehung in einer Versammlung (öffentlich oder nichtöffentlich) oder durch Verbreitung von Schriften usw.

d) Die staatsgefährdende Absicht ist teils strafbegründend, gehört also zum Tatbestand (§ 97), teils strafschärfend (§§ 95 Abs. 3, 96 Abs. 4).

e) Eine Berufung auf § 193 kommt in keinem der Fälle in Frage.

f) Wegen Nebenstrafen und Nebenfolgen siehe § 98.

2. Zu § 95: Diese den Schutz des Bundespräsidenten betreffende Vorschrift ähnelt dem aufgehobenen § 94 Abs. 2. Strafschärfung tritt ein, wenn die Tat in der in Absatz 3 gekennzeichneten Absicht begangen wird. Die Strafverfolgung ist von einer Ermächtigung des Bundespräsidenten abhängig. Wegen der Nebenstrafen und Nebenfolgen siehe § 98.

§ 96. Wer öffentlich, in einer Versammlung oder durch Verbreitung von Schriften, Schallaufnahmen, Abbildungen oder Darstellungen

1. die Bundesrepublik Deutschland oder eines ihrer Länder oder ihre verfassungsmäßige Ordnung beschimpft oder böswillig verächtlich macht,
2. ihre Farben, ihre Flagge, ihr Wappen oder ihre Hymne verunglimpft

oder dazu auffordert, wird mit Gefängnis bestraft.

Ebenso wird bestraft, wer eine öffentlich gezeigte Flagge der Bundesrepublik Deutschland oder eines ihrer Länder oder ein von einer Behörde öffentlich angebrachtes Zeichen der Hoheit der Bundesrepublik Deutschland oder eines ihrer Länder entfernt, zerstört, beschädigt oder unkenntlich macht oder wer beschimpfenden Unfug daran verübt. Der Versuch ist strafbar.

Hat der Täter eine der in Absatz 1 und 2 genannten Taten in der Absicht begangen, Bestrebungen gegen den Bestand der Bundesrepublik Deutschland oder gegen einen der in § 88 bezeichneten Verfassungsgrundsätze zu fördern, so ist die Strafe Gefängnis nicht unter drei Monaten.

1. Zu Abs. 1 Nr. 1: Geschützt werden hier der Bund und die Länder, sowie die verfassungsmäßige Ordnung (siehe Erläuterung 3 zu § 80 Abs. 1 Nr. 1) gegen Beschimpfung oder böswillige Verächtlichmachung.

2. Zu Absatz 1 Nr. 2: Diese Gesetzesstelle, die an Stelle der aufgehobenen §§ 134 a, 135 getreten ist, bedroht die Verunglimpfung von Staatssymbolen (Farben, Flagge, Wappen).

3. Zu Absatz 2: Während im Absatz 1 Nr. 2 die dort genannten Symbole allgemein gegen Verunglimpfung geschützt werden, beschränkt sich Absatz 2 auf die Flagge der Bundesrepublik oder eines ihrer Länder und sonstige Hoheitszeichen, allerdings vorausgesetzt, daß sie von einer Behörde öffentlich (nicht also, wenn sie von einer Privatperson oder

einem Verein) angebracht sind. Die Täterhandlung dieses Tatbestandes besteht im Entfernen, Zerstören, Beschädigen, Unkenntlichmachen, oder Verüben beschimpfenden Unfugs.

4. Zu Absatz 4: Eine Strafschärfung tritt ein, wenn die Tat in der dort gekennzeichneten besonderen Absicht begangen wurde.

5. Wegen der Nebenstrafen und Nebenfolgen siehe § 98.

§ 97. Wer in der Absicht, Bestrebungen gegen den Bestand der Bundesrepublik Deutschland oder gegen einen der in § 88 bezeichneten Verfassungsgrundsätze zu fördern, öffentlich, in einer Versammlung oder durch Verbreitung von Schriften, Schallaufnahmen, Abbildungen oder Darstellungen

ein Gesetzgebungsorgan, die Regierung oder das Verfassungsgericht des Bundes oder eines Landes

insgesamt oder in einem ihrer Mitglieder als verfassungsmäßiges Organ in einer das Ansehen des Staates gefährdenden Weise verunglimpft oder dazu auffordert, wird mit Gefängnis nicht unter drei Monaten bestraft, soweit nicht in anderen Vorschriften eine schwerere Strafe angedroht ist.

Die Tat wird nur mit Ermächtigung des betroffenen Staatsorgans oder Mitglieds verfolgt.

1. Diese Gesetzesstelle betrifft die Verunglimpfung von Staatsorganen.

2. Gesetzgebungsorgane des Bundes sind der Bundestag und der Bundesrat. Welche Organe als Gesetzgebungsorgane der Länder zu gelten haben, ob insbesondere neben dem Landtag noch eine weitere Körperschaft als Gesetzgebungsorgan in Frage kommt, bestimmt sich nach der Landesverfassung.

3. Geschützt sind ferner die Regierung und das Verfassungsgericht des Bundes und der Länder, nicht aber die Organe der Rechtsprechung.

4. Die Täterhandlung besteht im Verunglimpfen oder der Aufforderung hierzu.

5. Zum inneren Tatbestand gehört neben dem Vorsatz die Absicht, Bestrebungen gegen den Bestand der Bundesrepublik Deutschland oder gegen einen der im § 88 bezeichneten Verfassungsgrundsätze zu fördern.

6. In sämtlichen Fällen werden auch die Einzelmitglieder der genannten Organe geschützt, wenn ihre Verunglimpfung mittelbar einen Angriff auf das Staatsorgan enthält. In diesem Falle kann Tateinheit zwischen § 97 und §§ 185 ff. in Frage kommen.

7. Wegen der Nebenstrafen und Nebenfolgen siehe § 98.

§ 98. Wegen der in diesem Abschnitt mit Strafe bedrohten Handlungen kann erkannt werden

neben der Strafe aus § 89

auf Geldstrafe von unbegrenzter Höhe;

neben den Strafen aus den §§ 90 bis 97
auf Geldstrafe;
neben einer Gefängnisstrafe von mindestens drei Monaten
für die Dauer von einem bis zu fünf Jahren auf die Unfähigkeit zur Bekleidung öffentlicher Ämter und den Verlust des Wahl- und Stimmrechts und der Wählbarkeit
sowie auf den Verlust der aus öffentlichen Wahlen hervorgegangenen Rechte;
neben jeder Freiheitsstrafe aus den §§ 89 bis 94 auf die Zulässigkeit von Polizeiaufsicht.
§ 86 gilt entsprechend.

Diese Bestimmung enthält die Nebenstrafen und Nebenfolgen.

Dritter Abschnitt

Landesverrat

§ 99. Staatsgeheimnisse im Sinne dieses Abschnitts sind Tatsachen, Gegenstände oder Erkenntnisse, insbesondere Schriften, Zeichnungen, Modelle oder Formeln, oder Nachrichten darüber, deren Geheimhaltung vor einer fremden Regierung für das Wohl der Bundesrepublik Deutschland oder eines ihrer Länder erforderlich ist.

Verrat im Sinne dieses Abschnittes begeht, wer vorsätzlich ein Staatsgeheimnis an einen Unbefugten gelangen läßt oder es öffentlich bekanntmacht und dadurch das Wohl der Bundesrepublik Deutschland oder eines ihrer Länder gefährdet.

1. Vorbemerkungen zum Dritten Abschnitt (§§ 99—101):

a) Wie schon in Erläuterung 1 zu § 88 festgestellt wurde, bedeutet der Landesverrat einen Angriff auf den Bestand des Staates nach außen, d. h. in seinem Verhältnis zu anderen Staaten (und zwar nicht nur ausländischen, sondern auch außerhalb des Bundesgebietes liegenden deutschen Staaten), während der Hochverrat einen Angriff gegen den Staat als Einzelwesen darstellt.

b) Da der Verrat von Staatsgeheimnissen das Wichtigste der Landesverratsverbrechen ist, werden in § 99 vorweg diese beiden Begriffe „Staatsgeheimnisse" und „Verrat" erörtert. Es folgen dann die sieben Straftatbestände, beginnend mit dem Grundtatbestand des Landesverrats, Verraten oder Ausspähen eines Staatsgeheimnisses (§ 100), anschließend die landesverräterische Fälschung (§ 100a), die Beweisvernichtung (§ 100b), die Preisgabe von Staatsgeheimnissen (§ 100c), die staatsfeindliche Zusammenarbeit mit dem Ausland (§§ 100d, 100e) und schließlich die landesverräterische Untreue (§ 100f).

2. Zu § 99 Absatz 1: Was ist ein Staatsgeheimnis?

a) Gegenüber der Fassung des alten § 88 wurden als neue Objekte des Geheimnisses aufgenommen „Erkenntnisse", „Modelle" und „Formeln".

b) Ob die fraglichen Tatsachen usw. „geheim", d. h. nur einem beschränkten Kreis von Personen bekannt sind und ob die Nichtgeheimhaltung das Wohl der Bundesrepublik beeinträchtigt, ist Tatfrage.

3. Zu Absatz 2: Was ist Verrat?

a) Schutzobjekt ist das Wohl der Bundesrepublik oder eines ihrer Länder.

b) Die Täterhandlung des Verräters besteht in dem „Gelangenlassen des Staatsgeheimnisses an einen Unbefugten" (vor allem an einen ausländischen Spion oder Agenten), oder in der „öffentlichen Bekanntmachung" und der dadurch bewirkten „Gefährdung des Staatswohls".

c) Zum inneren Tatbestand gehört lediglich Vorsatz, der (wie immer bei vorsätzlichem Handeln) auch schon dann vorliegt, wenn der Täter mit der Möglichkeit der gefahrbringenden Verwertung des Geheimnisses durch den Empfänger oder Hörer rechnet und diese Möglichkeit mit in Kauf genommen hat (sog. dolus eventualis).

§ 100. Wer ein Staatsgeheimnis verrät, wird wegen Landesverrats mit Zuchthaus bestraft.

Wer sich ein Staatsgeheimnis verschafft, um es zu verraten, wird wegen Ausspähung von Staatsgeheimnissen mit Zuchthaus bis zu zehn Jahren bestraft.

Ein Abgeordneter des Bundestages, der nach gewissenhafter Prüfung der Sach- und Rechtslage und nach sorgfältiger Abwägung der widerstreitenden Interessen sich für verpflichtet hält, einen Verstoß gegen die verfassungsmäßige Ordnung des Bundes oder eines Landes im Bundestag oder in einem seiner Ausschüsse zu rügen, und dadurch ein Staatsgeheimnis öffentlich bekanntmacht, handelt nicht rechtswidrig, wenn er mit der Rüge beabsichtigt, einen Bruch des Grundgesetzes oder der Verfassung eines Landes abzuwehren.

1. Zu Absatz 1: Er enthält die Strafandrohung für das Verbrechen des Landesverrats i. S. des § 99 (Zuchthaus).

2. Zu Absatz 2: Diese Gesetzesstelle enthält eine Abart des Landesverrats, nämlich die Ausspähung von Staatsgeheimnissen, die mit Zuchthaus bis zu 10 Jahren bestraft wird. Als ein Versuch dieses Verbrechens dürfte jeder Anfang der Ausführung einer Tätigkeit zu gelten haben, durch die ein Spion erreichen will, in den natürlichen oder geistigen Besitz geheimhaltungsbedürftiger Gegenstände oder Nachrichten zu gelangen.

3. Zu Absatz 3: Hier hat der Gesetzgeber einen Rechtfertigungsgrund, d. h. einen die Rechtswidrigkeit ausschließenden Umstand zu-

gunsten der Bundestagsabgeordneten normiert. Es soll nämlich nicht strafbar sein, wenn ein Bundestagsabgeordneter im Plenum oder in einem der Ausschüsse ein Staatsgeheimnis öffentlich bekannt macht lediglich in der Absicht, illegale Zustände zu rügen. Voraussetzung ist aber, daß einem solchen Vorgehen eine gewissenhafte Prüfung der sich widerstreitenden Interessen vorausgegangen ist.

4. Wegen Nebenstrafen und Nebenfolgen siehe § 101.

§ 100a. Wer durch Fälschung oder Verfälschung Schriften, Zeichnungen oder andere Gegenstände, die im Falle der Echtheit Staatsgeheimnisse wären, herstellt, um sie in einer das Wohl der Bundesrepublik Deutschland oder eines ihrer Länder gefährdenden Weise zu verwenden, wird mit Zuchthaus bestraft.

Ebenso wird bestraft, wer Tatsachen, Gegenstände oder Nachrichten darüber, die falsch, verfälscht oder unwahr sind, aber im Falle der Echtheit oder Wahrheit Staatsgeheimnisse wären, vorsätzlich als echt oder wahr an einen Unbefugten gelangen läßt oder öffentlich bekanntmacht und dadurch das Wohl der Bundesrepublik Deutschland oder eines ihrer Länder gefährdet.

Wer Gegenstände, die falsch oder verfälscht sind, aber im Falle der Echtheit Staatsgeheimnisse wären, sich verschafft, um sie in einer das Wohl der Bundesrepublik Deutschland oder eines ihrer Länder gefährdenden Weise zu verwenden, wird mit Zuchthaus bis zu zehn Jahren bestraft.

Falschen, verfälschten oder unwahren Tatsachen, Gegenständen oder Nachrichten darüber (Absätze 2 und 3) stehen Staatsgeheimnisse gleich, die der Täter irrtümlich für falsch, verfälscht oder unwahr hält.

1. Hier wird die sog. landesverräterische Fälschung behandelt, die inhaltlich dem aufgehobenen § 90a entspricht. Der Grundgedanke des § 100a ist der, daß das Staatswohl gefährdet werden kann nicht nur durch den Verrat echter, sondern auch durch die Weitergabe unechter Staatsgeheimnisse, nämlich insofern, als im letzteren Falle folgenschwere internationale Verstimmungen zum Nachteil der Bundesrepublik eintreten können.

2. In Absatz 1 wird die in Verwendungsabsicht erfolgte Herstellung falscher Staatsgeheimnisse, in Absatz 2 die Weitergabe falscher Staatsgeheimnisse als echte, in Absatz 3 das in Verwendungsabsicht erfolgte Sichverschaffen solcher Geheimnisse bedroht.

3. In Absatz 4 ist bestimmt, daß den falschen Staatsgeheimnissen gleichgestellt sind solche, die der Täter irrtümlich für falsch gehalten hat. (Ohne diese Bestimmung des Absatzes 4 könnte in einem solchen Irrtumsfalle nur eine Bestrafung wegen versuchten Verbrechens nach Absatz 1—3 erfolgen.)

4. Wegen Nebenstrafen und Nebenfolgen siehe § 101.

§ 100 b. Wer ein Beweismittel über eine Tatsache, die für die Beziehungen zwischen der Bundesrepublik Deutschland oder einem ihrer Länder einerseits und einem fremden Staate, einem Gebiet außerhalb des räumlichen Geltungsbereichs dieses Gesetzes, einer Staatengemeinschaft oder einer zwischenstaatlichen Einrichtung andererseits von Bedeutung ist, fälscht, verfälscht, vernichtet, beschädigt, beseitigt, unterdrückt oder sonst in seiner Verwendbarkeit beeinträchtigt und dadurch das Wohl der Bundesrepublik Deutschland oder eines ihrer Länder gefährdet, wird mit Zuchthaus bis zu fünf Jahren bestraft.

Sind mildernde Umstände vorhanden, so ist die Strafe Gefängnis nicht unter drei Monaten.

1. Diese Gesetzesstelle, die den aufgehobenen § 90 h ersetzt, betrifft die sog. Beweismittelvernichtung.

2. Geschützt werden Beweismittel über alle Tatsachen, die für die Beziehungen der Bundesrepublik bzw. der Länder zu einem fremden Staate usw. von Bedeutung sind; Tatsachen, die nur innerdeutsche Beziehungen betreffen, werden von dieser Vorschrift nicht erfaßt.

3. Die Täterhandlung, die eine Gefährdung des Staatswohls zur Folge haben muß, besteht im Fälschen und Verfälschen (siehe § 267), im Vernichten, Beschädigen, Beseitigen und Unterdrücken (siehe § 274 Abs. 1 Nr. 1). Eine Beeinträchtigung in der Verwendbarkeit kann z. B. bei einem Zeugen dann in Frage kommen, wenn er festgehalten oder sein Erinnerungsvermögen durch irgendwelche Mittel gestört wird.

4. Wegen Nebenstrafen und Nebenfolgen siehe § 101.

§ 100 c. Wer vorsätzlich ein Staatsgeheimnis an einen Unbefugten gelangen läßt oder es öffentlich bekanntmacht und dadurch fahrlässig das Wohl der Bundesrepublik Deutschland oder eines ihrer Länder gefährdet, wird mit Gefängnis bestraft.

Wer fahrlässig ein Staatsgeheimnis, das ihm kraft seines Amtes oder seiner dienstlichen Stellung oder eines von einer Dienststelle erteilten Auftrages zugänglich war, an einen Unbefugten gelangen läßt und dadurch das Wohl der Bundesrepublik Deutschland oder eines ihrer Länder gefährdet, wird mit Gefängnis bis zu zwei Jahren bestraft. Die Tat wird nur mit Ermächtigung der Regierung des Bundes oder des Landes verfolgt, dessen Wohl gefährdet worden ist.

1. Diese Gesetzesstelle behandelt die sog. Preisgabe von Staatsgeheimnissen (siehe die aufgehobenen §§ 90 d und 90 e).

2. Zu Absatz 1: Dieser Tatbestand (früher § 90 d) ist gegeben, wenn zwar die Preisgabe des Staatsgeheimnisses vorsätzlich erfolgt, aber

die Tatsache, daß dadurch das Wohl der Bundesrepublik gefährdet wird, infolge Fahrlässigkeit nicht erkannt wird.

3. Zu Absatz 2: Dieser Tatbestand (früher 90e) liegt vor, wenn die Preisgabe des Staatsgeheimnisses selbst fahrlässig erfolgt. (Z. B. Verlust von Geheimakten infolge leichtsinniger Aufbewahrung.) Voraussetzung hierfür ist aber, daß das Staatsgeheimnis dem Täter kraft seines Amtes usw. zugänglich geworden war.

4. Wegen Nebenstrafen und Nebenfolgen siehe § 101.

§ 100 d. Wer in der Absicht, einen Krieg, ein bewaffnetes Unternehmen oder Zwangsmaßregeln gegen die Bundesrepublik Deutschland oder eines ihrer Länder herbeizuführen oder zu fördern, zu einer Regierung, einer Partei, einer anderen Vereinigung oder einer Einrichtung außerhalb des räumlichen Geltungsbereichs dieses Gesetzes oder zu einer Person, die für eine solche Regierung, Partei, Vereinigung oder Einrichtung tätig ist, Beziehungen aufnimmt oder unterhält, wird mit Zuchthaus bestraft.

Handelt der Täter in der Absicht, sonstige Maßnahmen oder Bestrebungen einer Regierung, einer Partei, einer anderen Vereinigung oder einer Einrichtung außerhalb des räumlichen Geltungsbereichs dieses Gesetzes herbeizuführen oder zu fördern, die darauf gerichtet sind,

den Bestand (§ 88 Abs. 1) oder die Sicherheit der Bundesrepublik Deutschland zu beeinträchtigen oder einen der in § 88 bezeichneten Verfassungsgrundsätze zu beseitigen, außer Geltung zu setzen oder zu untergraben,

so ist die Strafe Gefängnis. Der Versuch ist strafbar.

Wer in der Absicht, eine der in Absatz 1 und 2 bezeichneten Maßnahmen oder Bestrebungen herbeizuführen oder zu fördern, unwahre oder gröblich entstellte Behauptungen tatsächlicher Art aufstellt oder verbreitet, wird mit Gefängnis bestraft. Der Versuch ist strafbar.

In besonders schweren Fällen des Absatzes 1 kann auf lebenslanges Zuchthaus, in besonders schweren Fällen der Absätze 2 und 3 auf Zuchthaus erkannt werden.

1. Diese Gesetzesstelle enthält drei Arten der staatsfeindlichen Zusammenarbeit mit dem Ausland (siehe den aufgehobenen § 91). Der Grundgedanke ist der, alle, die Auslösung feindlicher Zwangsmaßnahmen bzw. staatsgefährdender Unternehmungen bezweckenden Bestrebungen in einem möglichst frühzeitigen Stadium zu erfassen.

2. Zu Absatz 1: Hier handelt es sich um die landesverräterische Konspiration. Die Täterhandlung besteht in dem Aufnehmen oder Unterhalten von Beziehungen zu einer fremden Regierung usw. in der

Absicht, einen Krieg, ein bewaffnetes Unternehmen oder Zwangsmaßregeln gegen den Bund oder die Länder herbeizuführen oder zu fördern.

3. Zu Absatz 2: Da die in diesem Abschnitt behandelte Zusammenarbeit mit dem Ausland die Herbeiführung einer Staatsgefährdung i. S. des § 88 zum Ziele hat, kann man diesen Tatbestand als staatsgefährdende Konspiration bezeichnen.

4. Absatz 3 betrifft den Fall, daß der Täter seinen landesverräterischen bzw. staatsgefährdenden Ziele nicht durch Aufnehmen von Beziehungen zum Ausland, sondern durch Aufstellen oder Verbreiten unwahrer oder gröblich entstellter Behauptungen tatsächlicher Art erreichen will (sog. Lügenpropaganda).

5. Wegen Nebenstrafen und Nebenfolgen siehe § 101.

§ 100e. Wer zu einer Regierung, einer Partei, einer anderen Vereinigung oder einer Einrichtung außerhalb des räumlichen Geltungsbereichs dieses Gesetzes oder zu einer Person, die für eine solche Regierung, Partei, Vereinigung oder Einrichtung tätig ist, Beziehungen aufnimmt oder unterhält, welche die Mitteilung von Staatsgeheimnissen oder eine der in § 100d Abs. 1 bezeichneten Maßnahmen zum Gegenstand haben, wird mit Gefängnis bestraft.

Ebenso wird bestraft, wer für eine Regierung, eine Partei, eine andere Vereinigung oder eine Einrichtung außerhalb des räumlichen Geltungsbereichs dieses Gesetzes tätig ist und Beziehungen der in Absatz 1 bezeichneten Art zu einem anderen aufnimmt oder unterhält.

1. Zu Absatz 1: Diese Gesetzesstelle befaßt sich ebenso wie § 100d Absatz 1 mit dem Aufnehmen oder Unterhalten von Beziehungen zu einer fremden Regierung usw. (siehe den aufgehobenen § 90c). Sie unterscheidet sich aber von der landesverräterischen Konspiration des § 100d Absatz 1 dadurch, daß die dort verlangte Absicht keine Voraussetzung für eine Bestrafung nach § 100e Absatz 1 bildet. Wer also die Tat des § 100d Absatz 1 ohne die dort verlangte besondere Absicht begeht, wird in der Regel nach § 100e Absatz 1 strafbar sein.

2. Nach Absatz 2 ist strafbar, wer für eine fremde Regierung usw. tätig ist und Beziehungen der in Absatz 1 bezeichneten Art zu einem anderen aufnimmt.

§ 100f. Ein Beauftragter der Bundesrepublik Deutschland oder eines ihrer Länder, der ein Staatsgeschäft mit einer fremden Regierung, einer Staatengemeinschaft oder einer zwischenstaatlichen Einrichtung vorsätzlich zum Nachteil seines Auftraggebers führt, wird mit Zuchthaus bestraft.

Sind mildernde Umstände vorhanden, so ist die Strafe Gefängnis nicht unter drei Monaten.

1. Dieses Gesetzesstelle handelt von der landesverräterischen Untreue. Sie entspricht inhaltlich dem aufgehobenen § 90g.
2. Täter kann nur ein Beauftragter der Bundesrepublik oder eines ihrer Länder sein.
3. Die Täterhandlung besteht darin, daß das aufgetragene Geschäft bewußt dem Auftrag zuwider zum Nachteil des Auftraggebers geführt wird.

§ 101. Wegen der in diesem Abschnitt mit Strafe bedrohten Handlungen kann erkannt werden

neben den Strafen aus den §§ 100 bis 100b, 100d Abs. 1, 100f

auf Geldstrafe von unbegrenzter Höhe;

neben den Strafen aus den §§ 100c, 100d Abs. 2 und 3, 100e

auf Geldstrafe;

neben einer wegen einer vorsätzlichen Tat verhängten Gefängnisstrafe von mindestens drei Monaten

für die Dauer von einem bis zu fünf Jahren auf die Unfähigkeit zur Bekleidung öffentlicher Ämter und den Verlust des Wahl- und Stimmrechts und der Wählbarkeit

sowie auf den Verlust der aus öffentlichen Wahlen hervorgegangenen Rechte;

neben jeder Freiheitsstrafe aus den §§ 100 bis 100b, 100d, 100e

auf die Zulässigkeit von Polizeiaufsicht.

§ 86 gilt entsprechend.

2. Seite 26.

In § 4 Absatz 3 erhält die Nr. 2 folgende Fassung:

„2. hoch- oder landesverräterische Handlungen gegen die Bundesrepublik Deutschland oder eines ihrer Länder und Verbrechen des Verfassungsverrats;"

3. Seite 73.

Nach § 106 sind folgende Vorschriften (§§ 106a und 106b) einzufügen:

§ 106a. Wer innerhalb des befriedeten Bannkreises um das Gebäude eines Gesetzgebungsorgans des Bundes oder eines Landes an öffentlichen Versammlungen unter freiem Himmel oder Aufzügen teilnimmt und dadurch vorsätzlich Vorschriften verletzt, die über den Bannkreis erlassen worden sind, wird mit Gefängnis bis zu einem Jahr oder mit Geldstrafe bestraft.

Wer zu Versammlungen oder Aufzügen auffordert, die unter Verletzung der in Absatz 1 genannten Vorschriften innerhalb eines befriedeten Bannkreises stattfinden sollen, wird mit Gefängnis bis zu zwei Jahren bestraft.

1. Diese Vorschrift dient dem Schutze des befriedeten Bannkreises um Parlamentsgebäude und der Sicherstellung der Ordnung und ungestörten Arbeit in diesen Häusern. Sie bedroht somit gewissermaßen Vorbereitungshandlungen zu den in § 105 (Parlamentssprengung) und § 106 (Hinderung von Parlamentsmitgliedern) erfaßten Tatbeständen. Die Vorschrift ist ein Blankettstrafgesetz, d. h. sie muß noch durch besondere Bundes- oder landesrechtliche Vorschriften ergänzt werden.

2. Zu Absatz 1:

a) Organe der Gesetzgebung des Bundes sind Bundestag und Bundesrat; Gesetzgebungsorgan eines Landes ist in der Regel der Landtag.

b) Die Täterhandlung des Absatzes 1 besteht in der Teilnahme an verbotenen Versammlungen oder Aufzügen innerhalb des Bannkreises.

3. Zu Absatz 2: Hier wird die Aufforderung zu solchen Versammlungen oder Aufzügen mit Strafe bedroht, ohne Rücksicht darauf, ob die Versammlung oder der Aufzug tatsächlich stattfindet.

§ 106 b. Wer vorsätzlich gegen Anordnungen verstößt, die ein Gesetzgebungsorgan des Bundes oder eines Landes oder dessen Präsident über das Betreten des Gebäudes des Gesetzgebungsorgans oder des dazugehörenden Grundstücks oder über das Verweilen oder die Sicherheit und Ordnung im Gebäude oder auf dem Grundstück allgemein oder im Einzelfall erläßt, wird mit Geldstrafe oder mit Gefängnis bis zu drei Monaten bestraft, soweit nicht in anderen Vorschriften eine schwerere Strafe angedroht ist. Die Tat wird nur mit Ermächtigung des Präsidenten des Gesetzgebungsorgans verfolgt.

Die Strafvorschrift des Absatzes 1 gilt bei Anordnungen eines Gesetzgebungsorgans des Bundes oder seines Präsidenten weder für die Mitglieder des Bundestages noch für die Mitglieder des Bundesrates und der Bundesregierung sowie ihre Beauftragten, bei Anordnungen eines Gesetzgebungsorgans eines Landes oder seines Präsidenten weder für die Mitglieder der Gesetzgebungsorgane dieses Landes noch für die Mitglieder der Landesregierung und ihre Beauftragten.

1. Zu Absatz 1: Hier werden zum Schutze des Hausrechts Zuwiderhandlungen gegen Anordnungen betr. Betreten von Parlamentsgebäuden bzw. Verweilen in solchen unter Strafe gestellt.

2. Zu Absatz 2: Für die hier aufgeführten Personengruppen hat die Strafvorschrift des Absatz 1 keine Geltung.

4. Seite 87.
§ 129 erhält folgende Fassung:

§ 129. Wer eine Vereinigung gründet, deren Zwecke oder deren Tätigkeit darauf gerichtet sind, strafbare Handlungen zu begehen, oder wer sich an einer solchen Vereinigung als Mitglied beteiligt, sie sonst unterstützt oder zu ihrer Gründung auffordert, wird mit Gefängnis bestraft.

Gehört der Täter zu den Rädelsführern oder Hintermännern oder liegt sonst ein besonders schwerer Fall vor, so kann auf Zuchthaus bis zu fünf Jahren erkannt werden. Daneben kann Polizeiaufsicht zugelassen werden.

Bei Beteiligten, deren Schuld gering und deren Mitwirkung von untergeordneter Bedeutung ist, kann von Strafe abgesehen werden.

Nach diesen Vorschriften wird nicht bestraft, wer das Fortbestehen der Vereinigung verhindert oder von ihrem Bestehen einer Behörde so rechtzeitig Anzeige erstattet, daß eine den Zielen der Vereinigung entsprechende Straftat noch verhindert werden kann. Dies gilt auch für den, der sich freiwillig und ernstlich bemüht, das Fortbestehen der Vereinigung oder die Begehung einer ihren Zielen entsprechenden Straftat zu verhindern, wenn nicht sein Bemühen, sondern ein anderer Umstand dies erreicht.

1. Diese Bestimmung verbietet die Teilnahme an Vereinigungen, deren Tätigkeit auf die Begehung strafbarer Handlungen gerichtet ist. (Siehe auch § 90a und die dortige Erläuterung 1.)

2. Zu Absatz 1: Die Täterhandlung besteht im Gründen einer solchen Vereinigung, in der Beteiligung an ihr, in ihrer Unterstützung oder in der (erfolglosen) Aufforderung zur Gründung. (Eine erfolgreiche Aufforderung ist als Anstiftung gemäß § 48 strafbar.)

3. Zu Absatz 2: Wegen der Begriffe „Rädelsführer" und „Hintermänner" siehe Erläuterung 3 zu § 90a.

4. Zu Absatz 4: Hier wird dem Teilnehmer die Möglichkeit gegeben, eine Bestrafung nach § 129 durch tätige Reue abzuwenden. In Satz 2 des Absatz 4 wird sogar der erfolglos versuchten tätigen Reue strafbefreiende Wirkung beigelegt. (Siehe hierzu § 49a Absatz 4, Satz 2.)

5. Seite 87.
Nach § 129 ist folgende Vorschrift einzufügen:

§ 129a. Hat das Bundesverwaltungsgericht oder das oberste Verwaltungsgericht eines Landes festgestellt, daß eine Vereinigung gemäß Artikel 9 Absatz 2 des Grundgesetzes verboten ist, so wird jeder, der die Vereinigung fortführt, den organisatorischen Zusammenhalt auf andere Weise weiter aufrecht erhält, sich an ihr als Mitglied beteiligt oder sie sonst unterstützt, mit Gefängnis bestraft, soweit nicht in anderen Vorschriften eine schwerere Strafe angedroht ist.

§ 129 Absatz 3 und 4 gilt entsprechend.

Das Bundesverwaltungsgericht entscheidet auf Antrag der Bundesregierung, das oberste Verwaltungsgericht eines Landes auf Antrag der Landesregierung.

Diese Vorschrift stellt die Teilnahme als solche unter Strafe, wenn es sich um eine gemäß Artikel 9 Absatz 2 des Grundgesetzes „verbotene Vereinigung" handelt. In einem solchen Falle der Teilnahme (in einer der im Gesetz bezeichneten Formen) genügt es zur Strafbarkeit des Teilnehmers, wenn er lediglich weiß, daß die fragliche Vereinigung verboten ist; die Kenntnis der von ihr verfolgten Ziele gehört also (im Gegensatz zu § 129) nicht zum Vorsatz des Täters. Es sollen also die sog. Mitläufer erfaßt werden.

6. Seite 91—92.

§ 135 mit Erläuterungen ist zu streichen.

7. Seite 134.

Nach § 187 ist folgende Vorschrift einzufügen:

§ 187a. Wird gegen eine im politischen Leben des Volkes stehende Person öffentlich in einer Versammlung oder durch Verbreitung von Schriften, Schallaufnahmen, Abbildungen oder Darstellungen eine üble Nachrede (§ 186) aus Beweggründen begangen, die mit der Stellung des Beleidigten im öffentlichen Leben zusammenhängen, und ist die Tat geeignet, sein öffentliches Wirken erheblich zu erschweren, so ist die Strafe Gefängnis nicht unter drei Monaten.

Eine Verleumdung (§ 187) wird unter den gleichen Voraussetzungen mit Gefängnis nicht unter sechs Monaten bestraft.

1. Diese Bestimmung befaßt sich mit dem Ehrenschutz im politischen Leben stehender Personen. Sie bezweckt, der Vergiftung des politischen Kampfes durch Ehrabschneidung entgegenzuwirken.

2. § 187a ersetzt die §§ 1—3 des Achten Teils Kap. III der Vierten Notverordnung zum Schutze des inneren Friedens vom 8. Dezember 1931, die im Artikel 8 des Strafrechtsänderungsgesetzes aufgehoben wurde. (Siehe die jetzt zu streichenden Erläuterungen 7 zu § 186 und 5 zu § 187.)

3. Geschützt werden durch die für üble Nachrede (§ 186) und Verleumdung (§ 187) festgesetzten erhöhten Strafen die „im politischen

Leben des Volkes stehenden Personen", vor allem also die Abgeordneten der Parlamente und Mitglieder sonstiger öffentlicher Körperschaften. Auch die lediglich ein öffentliches Amt bekleidenden sowie die im freien Beruf stehenden Personen (z. B. Schriftsteller und Journalisten) genießen den erhöhten Strafschutz, wenn ihre Tätigkeit mit der inneren oder äußeren Politik im Zusammenhang steht.

4. Die Täterhandlung besteht in öffentlich, oder in einer Versammlung oder durch Verbreitung von Schallaufnahmen, Abbildungen oder Darstellungen begangenen Beleidigungen in den Formen der §§ 186 und 187.

5. Zwei Voraussetzungen müssen für die Strafschärfung gegeben sein:

a) Die Ehrenkränkung muß aus Beweggründen begangen sein, die mit der Stellung des Beleidigten im öffentlichen Leben zusammenhängen, denn der erhöhte Ehrenschutz gilt nicht der unmittelbar beleidigten Person als solcher, sondern nur im Hinblick auf ihr öffentliches Leben.

b) Die Ehrenkränkung muß geeignet sein, das öffentliche Wirken des Verletzten zu erschweren. Voraussetzung ist also, daß die verletzte Person zur Zeit der Tat noch im öffentlichen Leben steht.

8. Seite 246.

Nach § 316 ist folgende Vorschrift einzufügen:

§ 316a. Wer vorsätzlich den Betrieb

1. einer Eisenbahn, der Post oder dem öffentlichen Verkehr dienender Unternehmen oder Anlagen,
2. einer der öffentlichen Versorgung mit Wasser, Licht, Wärme oder Kraft dienenden Anlage oder eines für die Versorgung der Bevölkerung lebenswichtigen Unternehmens oder
3. einer der öffentlichen Ordnung oder Sicherheit dienenden Einrichtung oder Anlage

dadurch verhindert oder zerstört, daß er eine dem Betrieb dienende Sache zerstört, beschädigt, beseitigt, verändert oder unbrauchbar macht oder die für den Betrieb bestimmte elektrische Kraft entzieht, wird mit Gefängnis bestraft.

Der Versuch ist strafbar.

In besonders schweren Fällen kann auf Zuchthaus bis zu fünf Jahren erkannt werden.

1. Die §§ 316a, 317 betreffen die Lahmlegung lebenswichtiger Betriebe durch Sabotagehandlungen.

2. § 316a schützt die Betriebe der Eisenbahn, der Post und der öffentlichen Verkehrsunternehmen (Straßenbahnen, Schiffahrt- und Luftfahrtunternehmen), die Versorgungsanlagen sowie die der öffentlichen Ordnung oder Sicherheit dienenden Einrichtungen.

3. Wird die Tat in staatsgefährdender Absicht begangen, dann greift § 90 Platz.

9. Seite 247.

§ 317 erhält folgende Fassung:

§ 317. Wer vorsätzlich den Betrieb einer öffentlichen Zwecken dienenden Fernmeldeanlage dadurch verhindert oder gefährdet, daß er eine dem Betrieb dienende Sache zerstört, beschädigt, beseitigt, verändert oder unbrauchbar macht oder die für den Betrieb bestimmte elektrische Kraft entzieht, wird mit Gefängnis bestraft.

Der Versuch ist strafbar.

In besonders schweren Fällen kann auf Zuchthaus bis zu fünf Jahren erkannt werden.

Wer die Tat fahrlässig begeht, wird mit Gefängnis bis zu einem Jahr oder mit Geldstrafe bestraft.

1. Diese Bestimmung dient dem Schutz der Fernmeldeanlagen, d. h. der Telegrafenanlagen, Fernsprechanlagen und Funkanlagen.

2. Wird die Tat in staatsgefährdender Absicht begangen, dann greift § 90 Platz.

10. Seite 247.

Die §§ 318, 318a sind zu streichen.

11. Seite 282.

Vor § 353b ist folgender § 353a einzufügen:

§ 353a. Wer bei der Vertretung der Bundesrepublik Deutschland gegenüber einer fremden Regierung, einer Staatengemeinschaft oder einer zwischenstaatlichen Einrichtung einer amtlichen Anweisung vorsätzlich zuwiderhandelt oder in der Absicht, die Bundesregierung irre zu leiten, unwahre Berichte tatsächlicher Art erstattet, wird mit Gefängnis bestraft.

Die Tat wird nur mit Ermächtigung der Bundesregierung verfolgt.

1. Diese Vorschrift betrifft den diplomatischen Ungehorsam. Sie entspricht dem Absatz 2 des durch Kontrollratsgesetz aufgehobenen alten § 353a (sog. Arnimparagraph).

2. Die Täterhandlung, die auch von einem nichtbeamteten Täter begangen werden kann, besteht im Zuwiderhandeln gegen eine amtliche Anweisung oder in dem Erstatten eines unwahren Berichtes. Bestraft werden also Ungehorsam und Lüge.

3. Zum inneren Tatbestand gehört beim Ungehorsam ein vorsätzliches Handeln und im Falle der Lüge außerdem die Absicht der Irreleitung.

12. Seite 320.

In der vorletzten Zeile unten ist nach dem Wort „erhebt" folgender Satzteil einzufügen: „oder die Zuständigkeit des Landgerichts nach § 74a GVG. oder des Bundesgerichtshofes nach § 134 GVG. begründet ist".

13. Seite 321.

Am Ende der Seite ist als neuer Abschnitt dd) einzufügen:

„dd) Eine Strafkammer des Landgerichts, in dessen Bezirk das Oberlandesgericht seinen Sitz hat, ist für den Bezirk des Oberlandesgerichts als erkennendes Gericht des ersten Rechtszuges zuständig für die Vergehen und Verbrechen der §§ 84, 90 bis 97, 100d Absatz 2 und 3, 129, 129a, 234a und 241a StGB. (§ 74a GVG.)."

14. Seite 322.

In der Mitte der Seite ist Abschnitt a der Erläuterung 3 zu streichen und an seine Stelle folgendes zu setzen:

„a) Im ersten und letzten Rechtszug (besetzt mit fünf Richtern einschließlich des Vorsitzenden) in den Strafsachen, die nach § 134a Absatz 1 GVG. von dem Oberbundesanwalt an die Landesstaatsanwaltschaft abgegeben werden oder in denen der Bundesgerichtshof nach § 134a Absatz 3 GVG. bei Eröffnung des Hauptverfahrens die Verhandlung und Entscheidung dem Oberlandesgericht überweist."

15. Seite 322.

Am Ende der Seite ist Abschnitt a der Erläuterung 4 zu streichen und an seine Stelle folgendes zu setzen:

„a) im ersten und letzten Rechtszug bei Hochverrat und Verfassungsverrat in den Fällen der §§ 80 bis 83 und 89 StGB., bei Landesverrat in den Fällen der §§ 100 bis 100c, 100d Absatz 1, 100e und 100f StGB., bei Parlamentsnötigung nach § 105 StGB. und bei Nichterfüllung der Pflichten nach § 139 StGB., wenn die Unterlassung eine Straftat betrifft, die zur Zuständigkeit des Bundesgerichtshofs gehört (§ 134 GVG.)."

16. Seite 322.

Am Ende der Seite hinter Erläuterung 4b ist folgender Abschnitt einzufügen: „(die Straffenate entscheiden im ersten Rechtszug außerhalb der Hauptverhandlung in der Besetzung von drei Mitgliedern einschließlich des Vorsitzenden. Dies gilt nicht für den Beschluß, durch den darüber entschieden wird, ob das Hauptverfahren zu eröffnen oder der Angeschuldigte außer Verfolgung zu setzen oder das Verfahren nach Eröffnung des Hauptverfahrens wegen eines Verfahrenshindernisses einzustellen ist. § 139 Absatz 2 GVG.)"

B. Das Gesetz zum Schutz der persönlichen Freiheit vom 15. Juli 1951

(Bundesgesetzblatt I Seite 448.)

1. **Seite 159.**

Als § 234a ist folgende Vorschrift einzufügen:

§ 234 a. Wer einen anderen durch List, Drohung oder Gewalt in ein Gebiet außerhalb des räumlichen Geltungsbereichs dieses Gesetzes verbringt oder veranlaßt, sich dorthin zu begeben, oder davon abhält, von dort zurückzukehren, und dadurch der Gefahr aussetzt, aus politischen Gründen verfolgt zu werden und hierbei im Widerspruch zu rechtsstaatlichen Grundsätzen durch Gewalt- oder Willkürmaßnahmen Schaden an Leib oder Leben zu erleiden, der Freiheit beraubt oder in seiner beruflichen oder wirtschaftlichen Stellung empfindlich beeinträchtigt zu werden, wird wegen Verschleppung mit Zuchthaus bestraft.

Sind mildernde Umstände vorhanden, so ist die Strafe Gefängnis nicht unter drei Monaten.

Wer eine solche Tat vorbereitet, wird mit Gefängnis bestraft.

Diese Gesetzesstelle betrifft einen neuen, im Hinblick auf die Vorfälle in den Westsektoren Berlins notwendig gewordenen Verbrechenstatbestand, die Verschleppung.

2. **Seite 165.**

Als § 241a ist vor dem neunzehnten Abschnitt folgende Vorschrift einzufügen:

§ 241 a. Wer einen anderen durch eine Anzeige oder eine Verdächtigung der Gefahr aussetzt, aus politischen Gründen verfolgt zu werden und hierbei im Widerspruch zu rechtsstaatlichen Grundsätzen durch Gewalt- oder Willkürmaßnahmen Schaden an Leib oder Leben zu erleiden, der Freiheit beraubt oder in seiner beruflichen oder wirtschaftlichen Stellung empfindlich beeinträchtigt zu werden, wird wegen politischer Verdächtigung mit Gefängnis bestraft.

Ebenso wird bestraft, wer eine Mitteilung über einen anderen macht oder übermittelt und ihn dadurch der in Absatz 1 bezeichneten Gefahr einer politischen Verfolgung aussetzt.

Der Versuch ist strafbar.

Wird in der Anzeige, Verdächtigung oder Mitteilung gegen den anderen eine unwahre Behauptung aufgestellt oder ist die Tat in der Absicht begangen, eine der in Absatz 1 bezeichneten Folgen herbeizuführen, oder liegt sonst ein besonders schwerer Fall vor, so kann auf Zuchthaus bis zu zehn Jahren erkannt werden.

Dieser neue Tatbestand enthält das Vergehen der politischen Verdächtigung.

3. Seite 93.

Im Gesetzestext des § 139 Absatz 1 treten an die Stelle der Worte „Menschenraubes oder gemeingefährlichen Verbrechens" die Worte „eines Menschenraubes, einer Verschleppung oder eines gemeingefährlichen Verbrechens".

C. Wegfall der allgemeinen Anweisung an Richter Nr. 1

Da die Allgemeine Anweisung an Richter Nr. 1 (AAR. Nr. 1) mit dem Inkrafttreten des Besatzungsstatuts gegenstandslos geworden ist, sind Änderungen in den Erläuterungen des vorliegenden Buches notwendig geworden. Folgende Stellen sind zu streichen:

Seite 28: In Vorbemerkung Abschnitt A I 4 der zweite Satz.
„ 28: Der gesamte Abschnitt B der Vorbemerkung bis einschließlich S. 29.
„ 31: Erläuterung 1, Satz 2 zu § 17.
„ 47: „ 2, Satz 2 zu § 44.
„ 89: „ 3 zu § 132.
„ 94: „ 7, Satz 1 zu § 139.
„ 103: „ 5 zu § 154.
„ 111: „ 5 zu §§ 166, 167.
„ 121: „ 2 zu § 175 a.
„ 127: „ 6 zu § 181 a
„ 134: „ 5 zu § 189.
„ 137: „ 2 zu § 197.
„ 142: „ 3 zu § 212.
„ 145: „ 6 zu § 218.
„ 148: „ 1 zu § 222.
„ 153: „ 4 zu § 223 b.
„ 157: „ 3 zu § 230.
„ 164: „ 7 Absatz 2 zu § 240.
„ 166: „ 7 vor § 242.
„ 197: „ 11, Absatz 2 zu § 263.
„ 202: „ 5 zu § 266.
„ 226: „ 9 zu § 292.
„ 228: „ 5 zu § 293.
„ 242: „ 4 zu § 309.
„ 243: „ 7 zu § 310 a.
„ 246: „ 8 zu § 315 u. Erl. 3 zu § 316.
„ 257: „ 5 zu § 330 c.
„ 258: „ 8 in Vorbemerkung vor § 331.
„ 264: „ zu § 337 (Abs. 2).
„ 275: „ 3 zu § 348.

D. Rechtsprechung des Bundesgerichtshofs

Durch die Rechtsprechung des Bundesgerichtshofs sind folgende Änderungen in den Erläuterungen des vorliegenden Buches notwendig geworden:

1. Seite 25.

In die Erläuterung zu § 2b ist folgendes einzufügen: „Trotz Wegfall des § 2b wird in der neueren Rechtsprechung, insbesondere auch vom Bundesgerichtshof die Möglichkeit wahlweiser Feststellung im Rahmen der vom Reichsgericht vor dem Inkrafttreten des § 2b (im Jahre 1935) entwickelten Grundsätze (gleiche Deliktsarten) bejaht. Beispiele: Diebstahl oder Hehlerei, Unterschlagung oder Diebstahl, Unterschlagung oder Untreue, Raub oder Erpressung. Ferner ist Wahlfeststellung möglich bei zwei sich widersprechenden Eiden bzw. uneidlichen Aussagen, sowie bei Täterschaft und Anstiftung bzw. Beihilfe."

2. Seite 123.

In Erläuterung 3d zu § 176 ist folgendes einzufügen: „Nach der Rechtsprechung des Bundesgerichtshofs kann der Tatbestand der Verleitung eines Kindes zur Verübung unzüchtiger Handlungen auch dadurch verwirklicht werden, daß das Kind bestimmt wird, unzüchtigen Reden aufmerksam zuzuhören."

3. Seite 151.

Zu Erläuterung 2 zu § 223a ist einzufügen: „Nach der Rechtsprechung des Bundesgerichtshofs haben auch auf chemischem Wege zugefügte Verletzungen als mittels einer Waffe begangen zu gelten."

4. Seite 163.

In Erläuterung 1 der Vorbemerkung zu § 240 ist am Ende einzufügen: „Mittlerweile hat auch der Bundesgerichtshof dahin entschieden, daß sowohl § 240 als auch § 253 in vollem Umfange weiterbestehen. (Gesundes Volksempfinden = Rechtsempfinden des Volks.)"

5. Seite 173.

Die Erläuterungen 2a und b zu § 243 sind zu streichen. An ihre Stelle ist folgendes zu setzen:

„2. Der Einbruchsdiebstahl des § 243 Nr. 2.

Die in Rechtsprechung und Schrifttum von jeher umstrittenen Begriffe „Gebäude", „umschlossener Raum" und „Behältnis" sind vom Bundesgerichtshof in teilweiser Abweichung von der reichsgerichtlichen Rechtsprechung neu formuliert worden.

a) Ein Gebäude ist ein durch Wände und Dach begrenztes, mit dem Erdboden fest (wenn auch nur durch die eigene Schwere, z. B. Ausstellungs- und Zirkuszelt) verbundenes Bauwerk, das den Eintritt von Menschen gestattet und das Unbefugte abhalten soll.

b) Ein Behältnis ist ein zur Aufnahme von Sachen dienendes und sie umschließendes Raumgebilde, das nicht dazu bestimmt ist, von Menschen betreten zu werden.

c) Ein umschlossener Raum ist jedes Raumgebilde, das nicht Gebäude oder Behältnis in dem oben erörterten Sinne ist, das (mindestens auch) dazu bestimmt ist, von Menschen betreten zu werden, und das mit (mindestens teilweise künstlichen) Vorrichtungen umgeben ist, die das Eindringen von Unbefugten abwehren sollen. Es haben daher auch Zimmer, Kellerräume und Dachböden eines Gebäudes als umschlossene Räume zu gelten und ebenso Schiffe und Wohnwagen. Es begeht demnach ein Dieb, der auf ordnungsmäßigem Wege in ein Gebäude gelangt und dann in eine umschlossene Abteilung dieses Gebäudes einsteigt, zwar keinen Diebstahl aus einem Gebäude mittels Einsteigens, aber einen Diebstahl aus einem umschlossenen Raume mittels Einsteigens."

6. Seite 192.

Am Ende der Erläuterung 4 zu § 259 ist einzufügen: „Schließlich hat der Bundesgerichtshof neuerdings entschieden, daß es für die Strafbarkeit des Hehlers genügt, wenn die Vortat den äußeren Tatbestand einer strafbaren Handlung erfüllt und rechtswidrig ist. Die Vortat kann demnach auch von einem Strafunmündigen (Kind, gleichgültig welchen Alters) oder einem Geisteskranken begangen sein."

7. Seite 256.

In Erläuterung 3a zu § 330c ist am Ende einzufügen: „Der Bundesgerichtshof hat dahin entschieden, daß § 330c weitergilt und daß der Begriff „Gesundes Volksempfinden" ebenso wie in §§ 240, 253 durch „Rechtsempfinden des Volkes" zu ersetzen ist."

E. Sonstige Änderungen und Verbesserungen

1. Seite 17.

In die „Vorbemerkungen" zu Abschnitt D ist zu Anfang folgendes einzufügen: „Den Ausführungen in diesem Abschnitt liegt die Rechtsprechung des ehemaligen Reichsgerichts zugrunde. Im neueren Schrifttum und in der Rechtsprechung der Oberlandesgerichte seit 1947 wird aber in zunehmendem Maße eine abweichende Ansicht vertreten. Es wird nämlich der Grundsatz aufgestellt, daß zum Vorsatz einer jeden Straftat auch das Bewußtsein der Rechtswidrigkeit gehöre, d. h. daß auch der sog. Verbotsirrtum zur Verneinung der Schuldfrage führen könne. Da eine Entscheidung des Bundesgerichtshofs zu dieser noch immer sehr umstrittenen Frage noch nicht vorliegt, wird zunächst von einer weiteren Erörterung dieses schwierigen Problems abgesehen."

2. Seite 27.

Zu § 9 ist hinzuzufügen: „Nach Artikel 16 Absatz 2 des Grundgesetzes ist die Auslieferung wieder unzulässig."

3. Seite 54.

In Erläuterung 8 zu § 49a ist am Ende einzufügen: „Weiteres Beispiel: A fordert den B auf, den C zu ermorden; alsbald hat A Reue und redet auf B ein, die Tat nicht auszuführen. Bevor ihm dies gelingt, wird B verhaftet. A ist gemäß § 49a Absatz 4, Satz 2 straflos."

4. S. 59.

In Erläuterung 3 zu § 52 ist „§ 294" an Stelle von „§ 292 Absatz 2" zu setzen.

5. Seite 61.

In Erläuterung 8c zu § 53 ist am Ende einzufügen: „Sog. Nothilfe."

6. Seite 133.

Erläuterung 7 zu § 186 ist zu streichen (siehe den neuen § 187a, erläutert oben in Abschnitt A Nr. 7, S. 28).

7. Seite 134.

Erläuterung 5 zu § 187 ist zu streichen.

8. Seite 134.

In der Erläuterung zu § 188 ist der letzte Satz zu streichen.

9. Seite 174.

Die Zeilen 13 und 14 („Zu den Behältnissen usw.") sind zu streichen.

10. Seite 215.

In Erläuterung 2a der Vorbemerkung ist an Stelle des letzten Absatzes folgendes zu setzen: „Der Fall der Ziff. 3 des § 239 kann nur von Vollkaufleuten begangen werden, weil nur diese die Verpflichtung haben, Bücher zu führen, während Täter der Ziff. 4 des § 239 auch ein Minderkaufmann sein kann."

11. Seite 232.

Am Ende der Erläuterung 9 zu § 300 ist folgendes einzufügen: „Siehe schließlich Gesetz der Regierung Württemberg-Baden vom 16. April 1951, wonach die Anzeigepflicht bei Schwangerschaftsunterbrechungen Fehl- und Frühgeburten aufgehoben wird."

12. Seite 264.

In Erläuterung 6 (Beispiel) zu § 336 ist der letzte (eingeklammerte) Satz zu streichen und an seine Stelle zu setzen: „(Durch die neue StPO. vom 12. September 1950 wurde das polizeiliche Strafverfügungsrecht für das ganze Bundesgebiet beseitigt, siehe Anhang 2 „Strafprozeßrecht", Abschnitt L III, Seite 347.)"

13. Seite 265.

In Erläuterung 2 zu § 340 ist in Absatz 1 der letzte Satz zu streichen und an dessen Stelle zu setzen: „Ist die im Amt begangene Körperverletzung eine erschwerte (§ 223a), so liegt Tateinheit (§ 73) zwischen § 340 Abs. 1 und § 223a vor."

14. Seite 269.

Als Erläuterung 7 zu § 343 ist folgendes einzufügen: „7. siehe auch § 136a der neuen StPO., abgedruckt in Anhang 2 Abschnitt M. Seite 356."

15. Seite 281.

In Erläuterung 3b zu § 353 ist in Zeile 1 „§ 352" zu streichen und dafür „Absatz 1" zu setzen.

16. Seite 289.

In Erläuterung 5 (Beispiel) zu § 357 ist in den Zeilen 3 und 4 statt des Wortes „Strafgerichtsverfassungsgesetz" das Wort „Gerichtsverfassungsgesetz (GVG.)" zu setzen.

17. Seite 310.

In der Überschrift ist unter das Wort Reichsjugendgerichtsgesetz zu setzen: „vom 6. November 1943, in Kraft getreten am 1. Januar 1944."

18. Seite 324.

Nach Artikel 8 ist folgendes einzufügen: „(N. B. Die im vorstehenden Gesetz Nr. 13 enthaltenen Zuständigkeitsbestimmungen wurden teilweise durch Ausführungsgesetze der einzelnen Hohen Kommissare für deren Zonen abgeändert, so z. B. in der amerikanischen Zone durch die Gesetze Nr. 6 und Nr. 17.)"

19. Seite 330.

In Erläuterung d (Verfolgungszwang) (Abschnitt bb) sind in Zeile 5 die Worte „des § 153 a StPO. (Auslandsdelikte)" zu streichen und an deren Stelle folgende Worte einzufügen „des neuen § 153 a (Absehen von der Erhebung der öffentlichen Klage, wenn das Gericht von Strafe absehen könnte), ferner im Falle des § 153 b (bisher 153 a) (Auslandsdelikte), ferner im Falle . . . . ."

Kolibri 360 GmbH
Ferdinand-Jühlke-Straße 7
99095 Erfurt, Deutschland
produktsicherheit@kolibri360.de